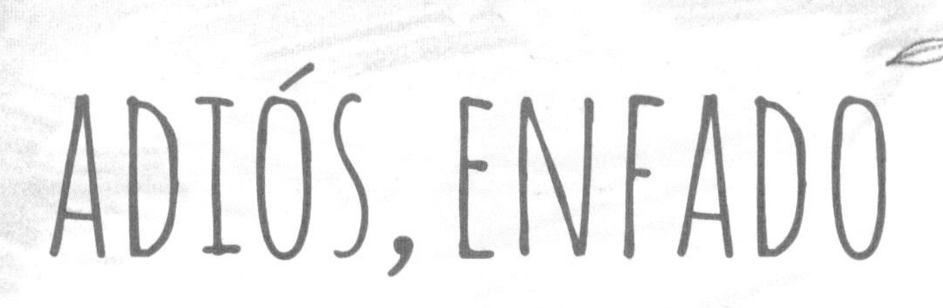

ADIÓS, ENFADO

Anne Crahay

ideaka
EDELVIVES

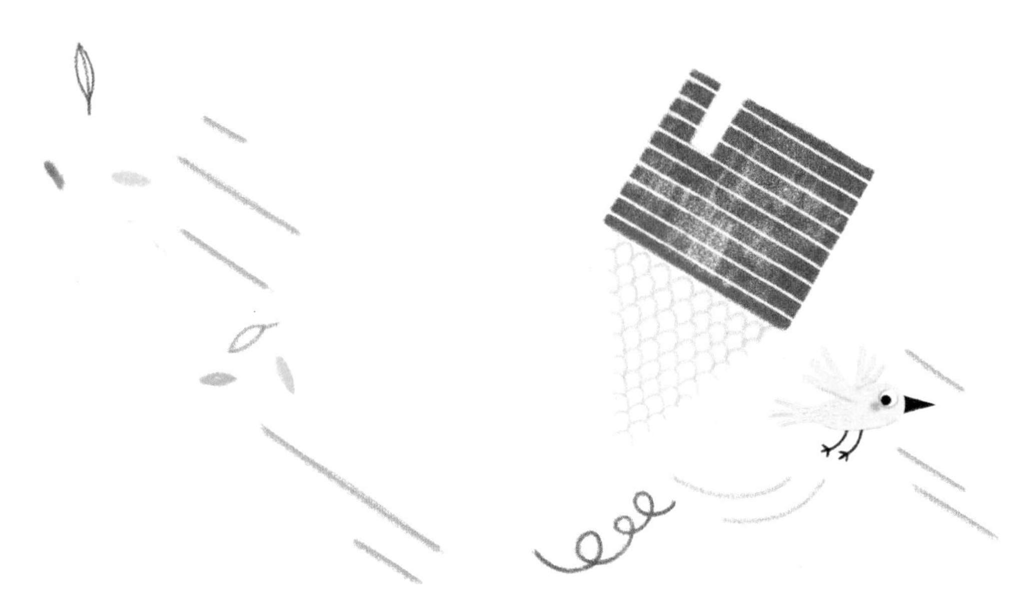

A Camomille, mi flor de sol.
Al león de terciopelo que dormita en cada uno de nosotros.

Introducción

A menudo los niños pequeños se ven desbordados por sus emociones y no logran comprender lo que les ocurre.
Este libro propone cuatro ejercicios de relajación para ayudarlos a superar sus enfados. Porque un enfado, cuando se comprende y se reconoce, desaparece.

Cada ejercicio consta de dos partes:
• Una introducción de carácter explicativo dirigida a los padres, en la que se describe detalladamente cada movimiento.
• Un texto ilustrado que desarrolla las sensaciones del ejercicio, para leérselo a los niños. Por medio de palabras e imágenes poéticas, se ilustran sensaciones que a veces resulta difícil transmitir y se conecta con la imaginación de los niños, para ayudarlos a controlar el movimiento y sentir calma interior.

Estos ejercicios de relajación son autónomos, pero se complementan. Se pueden leer todos seguidos o cada uno por separado, según la disposición personal y el momento del día. Son sencillos y alegres y no tardarán en convertirse, de manera natural, en palabras claves para los niños, en movimientos reflejos que los ayudarán a diario a reconocer, expresar y aplacar su enfado.

Momentos de calma compartidos entre padres e hijos, que reconcilian el cuerpo y el espíritu y cuyos beneficios durarán toda la vida.

Esta iniciativa de Anne Crahay está inspirada en Brain Gym®, un planteamiento educativo creado en los años ochenta que reúne el pensamiento *(brain)* y el cuerpo *(gym)* y despierta el placer de aprender a través del movimiento. Este libro ha sido editado en colaboración con Marie-Anne Saive, especialista en kinesiología educativa y Brain Gym®.

Mi león

Para aceptar y reconocer el enfado y encontrar las palabras para expresarlo.

Este movimiento consta de 2 partes.

Postura:
Los ojos abiertos y luego cerrados.

El niño visualiza el león que ruge en su interior.
Saca las garras y camina en el sitio.
Realiza movimientos cruzados: extiende hacia delante el brazo derecho con la pierna izquierda y, luego, el brazo izquierdo con la pierna derecha.
Si le apetece, puede rugir, rugir para atravesar esa gran fuerza emocional y buscar el camino hacia las palabras.
Tal vez note un cosquilleo en las manos o el vientre.

El niño coloca suavemente el dedo índice y el dedo corazón de cada mano en la frente, entre el pelo y las cejas.
Cierra los ojos y respira con el vientre durante un minuto.
Poco a poco se va relajando. Es posible que note una pulsación sincronizada bajo las yemas de los dedos.

¿Esto para qué sirve?

Las manifestaciones de ira se agravan debido al cansancio, las frustraciones y el cúmulo de cosas que no se expresan. Los movimientos cruzados activan la zona motriz del neocórtex, lo que permite calmar el sistema límbico, que se ve sobrepasado cuando las emociones se acumulan en él. Tocar los «puntos positivos» de la frente estimula los lóbulos frontales, y favorece el acceso al habla y a las palabras.

Dentro de mí hay un león.
Mi león. Es el rey de los animales.
Es muy fuerte, y suave como el terciopelo.

Pero, a veces, cuando me enfado,
el león me da miedo.
¿Y si devora a todo el que encuentre
a su paso?

Cuando me enfado, mi león se revuelve
en mi vientre y en mi cabeza, como
un león en la jaula. Quiere salir.
Entonces, saco las garras y doy patadas.
Cruzo un brazo con la pierna contraria
una vez, dos veces, tres veces.

Cuando me enfado, mi león ruge.
Entonces, tomo aire con el vientre y
¡grrrrr!
Rujo una vez, dos veces, tres veces.

Si me pongo furiosísimo, puedo sacar
las garras y rugir al mismo tiempo.
¡Grrrrr!
Cruzo un brazo con la pierna contraria
una vez, dos veces, tres veces.

Ahora que he abierto la jaula,
¿cómo se encuentra mi león?
Para escucharlo, pongo el dedo
índice y el dedo corazón de cada
mano en mi frente.
Cierro los ojos, respiro y me relajo.
¿Noto cómo late mi corazón en
las yemas de mis dedos?

Dentro de mí está mi león.
Cuando me enfado, me ayuda a rugir y,
juntos, atravesamos esta emoción tan grande.
Le doy un abrazo y lo acaricio.
Juntos somos muy fuertes y muy suaves.

La Habichuela Mágica

Para comprender el enfado que ha causado un sentimiento de frustración, una norma, un obstáculo o unos límites. Para encontrar el equilibrio y la autonomía respetando las normas establecidas.

Este movimiento consta de 2 partes.

Postura:
Los ojos abiertos y luego cerrados.

El niño pone el dedo índice y el dedo corazón de una mano detrás de la oreja, en la base del cráneo (hueso mastoideo).
Coloca la otra mano sobre el ombligo.

En esta posición y con los ojos abiertos, respira con el vientre y va invirtiendo la colocación de las manos.

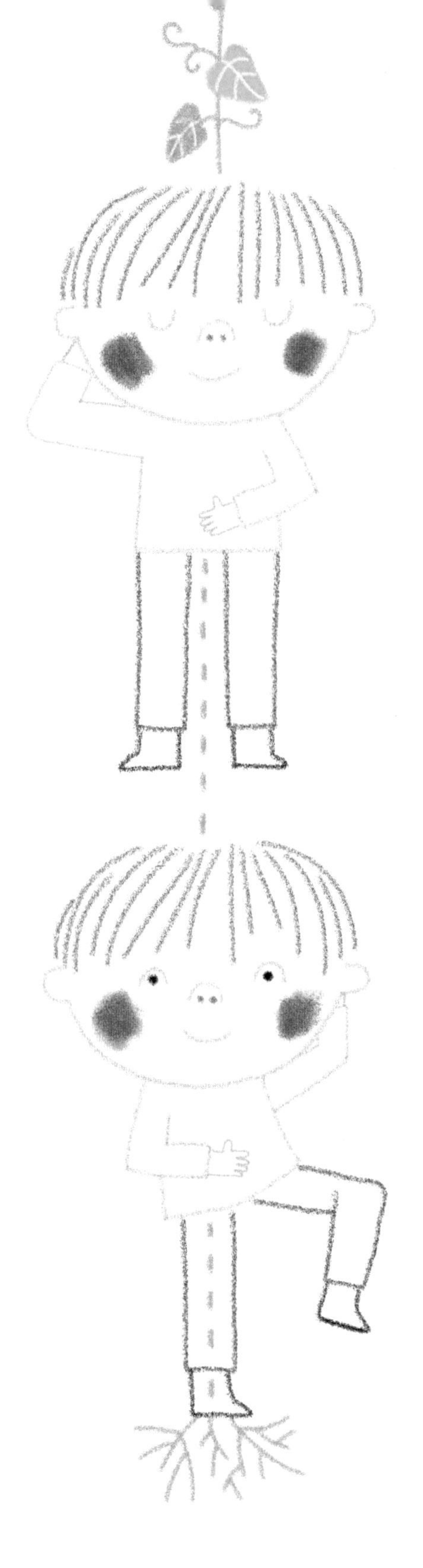

¿Esto para qué sirve?

La atracción terrestre
es una fuerza inevitable.
Nuestro sentido del equilibrio
nos aporta una profunda libertad
frente a la ley de la gravedad.
Explorar los «puntos de equilibrio»
estimula nuestra estabilidad
y verticalidad, despierta la
capacidad para sentir nuestro
espacio de libertad, sean cuales
sean los límites que impongan
las normas establecidas.
¿Qué puedo hacer «yo solo» en
las situaciones que me parecen
restrictivas?

El niño mantiene la misma posición de las manos, pero ahora con los ojos cerrados, y estimula su equilibrio, primero con una pierna y luego con la otra.

En esta posición y con los ojos abiertos, respira con el vientre y va invirtiendo la colocación de las manos.

Stop

A veces no lo consigo.
A veces está prohibido.
A veces me dices: «¡PARA!».

¡No me dejan actuar como si fuera mayor!
Esos días me siento más pequeñajo
que un guisante.
¡Un guisante verde de rabia!

Se me nota, porque tengo la cabeza de guisante
agachada y hundida entre los hombros,
el ceño fruncido y la boca torcida.

A lo mejor tengo ganas de gritar, patalear
o decir todas las palabrotas que me sé.
¡Y son un montón!

Pero yo no quiero seguir siendo
un guisante pequeñajo.
Aunque todavía no pueda hacerlo,
quiero crecer y elevarme hacia
el cielo como una habichuela mágica.

Así que planto mis dos pies en la tierra.
Cierro los ojos y mantengo el equilibrio
para elevarme hacia el cielo.
Siento como se abren mis primeras hojas.

A lo mejor me sale bien...
Entonces, abro los ojos y trato de
mantener el equilibrio con una pierna.
Respiro una vez, dos veces, tres veces.
Primero sobre un pie y luego sobre el otro.

A lo mejor todavía no me sale bien del todo.
Trato de controlar mi equilibrio y pongo
a prueba los límites para comprender
hacia qué lado puedo crecer.
Dentro de mí hay una habichuela mágica…

Retrato de mi enfado

Para expresar y aplacar el enfado asociado a una situación de injusticia.
Para identificar lo que se siente dentro de uno mismo.
Para expresar la necesidad de reparación.

Postura:
De pie, con las piernas un poco separadas.

El niño mueve las dos manos a la vez y de forma simétrica para trazar «garabatos».
Las dos manos juntas van hacia el interior, el exterior, arriba, abajo...
El niño también puede variar la amplitud del movimiento.
Las formas arrancan a menudo de manera totalmente abstracta, pero pueden ser cada vez más precisas y llegar a crear representaciones concretas.

Este ejercicio puede realizarse en el aire o en un soporte (una pared, una caja de arena, una pizarra o una hoja de papel, por ejemplo), y con la ayuda de material o no (lápiz, tiza, linterna, rotulador, cochecito de juguete, etc.). Se puede usar una campanilla para concluir la relajación.

¿Esto para qué sirve?

El «doble garabato» mejora la coordinación motriz, ya que conecta los dos lados del cuerpo. La mano dominante conduce de forma natural a la otra, con una antelación de entre 15 y 30 milésimas de segundo. El doble garabato fomenta la relación entre las dos partes, que tratan de reconciliarse: la parte en que las emociones activan nuestros sentidos desordenados y la parte en que las emociones se atreven a emprender el camino de las palabras. Permite que nos calmemos, que expresemos nuestra necesidad de escucha, reconocimiento y explicación. También estimula nuestra creatividad para poner en marcha una comunicación más colaborativa con el otro.

¡Lo de antes ha sido una injusticia!
Necesito que me hagas caso.
Necesito que me escuches.

Con los dos pies bien plantados
en el suelo, pienso en mi habichuela
mágica, que crece hacia el cielo.
Estoy aquí presente.
Te voy a dibujar mi enfado.
Dedícame dos minutos,
quédate conmigo.

Este enfado da vueltas en mi cabeza.
Mira, así.
A veces me baja hasta el vientre.
Aquí, ¿ves?
Te lo enseño.

¡Es enoOOOrme!
Tiene grandes puntas coloradas,
unos ojos furiosos y por dentro
está todo agitado.

Mi enfado tiene cosas
que decirte. Te lo voy a contar.
Ha ocurrido hace una hora.
Ha sido una injusticia.
Yo no he podido decirlo.
Tú no has podido oírlo.

¡Oh, mira!
Mi enfado es más pequeño ahora.
Un poco menos puntiagudo.
Y sus ojos son más dulces.

Por dentro todo sigue un poco agitado,
pero me parece que, si pudiéramos reparar
la injusticia de hace un momento,
mi enfado podría derretirse y transformarse.

¡Escucha!
Mi enfado, que no paraba de rugir,
ahora es solo un tintineo.
Como el sonido de una campanilla
que se aleja despacio.

MI SOL

Para tomar conciencia de que el enfado nos atraviesa y libera tensiones.
Para aceptar las lágrimas y calmar nuestro sistema nervioso.
Para atender nuestra necesidad de ser queridos.

Este movimiento consta de 2 partes.

Postura:
Los ojos abiertos o cerrados.

El niño cruza los tobillos.
Levanta los brazos hacia el cielo, estira la espalda y se eleva hacia el sol.
Luego coloca el sol contra su pecho metiendo las manos bajo las axilas.
Inspira con el vientre y apoya la punta de la lengua en el paladar, detrás de los dientes de arriba. Expulsa el aire y relaja la lengua. El niño respira de esta forma varias veces.

¿Esto para qué sirve?

Este movimiento estimula el equilibrio. La respiración desarrolla la tonicidad y la colocación natural de la lengua en posición de reposo. La lengua bien colocada favorece una buena expresión oral y ayuda a verbalizar las emociones. Visualizar el sol despierta la intimidad, la confianza y la calma.

El niño descruza los tobillos.
Ahora tiene los pies bien plantados y paralelos.
Descruza los brazos y junta las manos despacio.
Las puntas de los dedos se tocan.

El niño respira sosegadamente con el vientre
y permanece atento a los movimientos de la lengua.

Es posible que note su sol en la yema de los dedos…
¿Está caliente?
¿Siente un picoteo?

A veces el nubarrón llega sin avisar.
Sopla en mi cabeza y trastoca mis ideas.
Lo veo todo de color tormenta.
Me invade el cuerpo entero y la cabeza.
Ya no me reconozco.

A veces tengo miedo.
¿Quién va a querer un nubarrón de rabia, lleno de rayos, viento y tormenta?
Cuando llega el nubarrón, «lluevo».

¿A qué sabe esa lluvia?
¿Sabe a tristeza, a decepción,
a preocupación?

Detrás de cada nube está el cielo azul.
Así que cruzo los pies, voy hacia el sol
y lo abrazo bien fuerte.
Imagino su suave calorcito.

Respiro y soplo un viento ligero.
Mi nube se aleja despacio.
Vuelvo a respirar y el cielo se despeja.
Respiro una última vez, y veo azul
y luz en mi cielo.
Mi sol brilla.
Siento un poco de calor en las manos.

¿Me quieres mucho?
¿Puedes estrecharme en tus brazos?

Si estoy solo, puedo darme un abrazo a mí mismo, porque he sido muy valiente.
Era muy difícil luchar contra esa tormenta.

Respiro una vez, dos veces, tres veces.
Mi sol interior brilla.

Traducido por Elena Gallo Krahe
Título original: *Bonjour, colère*

Edelvives Talleres Gráficos. Certificado ISO 9001
Impreso en Zaragoza, España

ISBN: 978-84-140-2077-7
Depósito legal: Z 169-2019